Mission VOSGES

SOMMAIRE

Histoire des Vosges

Un passé mouvementé

Les Vosges ont d'abord été peuplées par les Celtes (1100 av. J.-C.), puis par des tribus gauloises. Après l'occupation des Romains, les habitants subissent des invasions barbares. Plus tard, les Vosges sont intégrées à l'empire de Charlemagne. À la frontière entre le monde franc et le monde germanique, les Vosges sont, au cours des siècles, rattachées tantôt à l'un, tantôt à l'autre.

Un blason autour de la nature

Le triangle symbolise une montagne tandis que les sapins représentent les forêts des Vosges, vertes ou recouvertes de neige selon la saison ! Sur la bande rouge, tu peux voir des petits aigles qui indiquent l'appartenance à la Lorraine.

Mission

VOSGES

15 DÉFIS À RELEVER EN FAMILLE

Ouvre bien les yeux et pars à la découverte des Vosges pour résoudre l'énigme de ta Mission.

1

Découpe ta carte pour te repérer tout au long de ton parcours.

2

Visite les 15 lieux proposés en remplissant ton carnet d'activités.

3

Trouve la solution de chaque défi pour remplir la grille de ton code secret.

Bonne chance et bonne lecture !

Quelle Histoire

Édition et conception : Quelle Histoire SAS. 22, Villa de Lourcine 75014 Paris
Illustrations : Bruno Wennagel, Mathieu Ferret, Aurélien Fernandez, Claire Martin, Paul Cotoni, Guillaume Biasse, Mathilde Tuffin, Antoine Perrenot, Marie-Lou Hainsselin
Textes : Lucie de la Héronnière, Nicolas Ferreira

Siège social : 22, Villa de Lourcine 75014 Paris

www.quellehistoire.com

contact@quellehistoire.fr

Fabriqué par Labelfab/ Achevé d'imprimer en France par Pollina (85)

Dépôt légal avril 2019

Loi n°49-956 du 16 juillet 1949 sur les publications destinées à la jeunesse

wemap

PEFC 10-31-2841

FABRIQUÉ EN FRANCE

LES GRANDES DATES

57 av. J.-C.
Début de l'occupation des Romains.

843
L'Empire carolingien est divisé en trois parties. Lothaire Ier récupère la Lotharingie (la Lorraine).

1048
Gérard d'Alsace, premier duc de Lorraine, commence à régner sur le duché de Haute-Lotharingie.

Vers 1412
Naissance de Jeanne d'Arc à Domrémy.

1766
La Lorraine est rattachée à la France.

1790
Naissance du département des Vosges.

1858
Le destin de la Savoie est décidé à Plombières : cette région est alors rattachée à la France.

1914-1918
Pendant la Première Guerre mondiale, de nombreuses batailles ont lieu dans les Vosges.

1939-1945
Le département souffre aussi de la Seconde Guerre mondiale.

2015
Création d'une nouvelle grande région, appelée le « Grand-Est », regroupant la Lorraine, l'Alsace et la Champagne-Ardenne.

Antiquité — *Moyen Âge* — *Temps modernes* — *Révolution-XIXe siècle* — *Contemporain*

PENDANT TA VISITE

Un grand choix d'activités

Les Vosges sont vraiment une région multiple : envie de montagne, de sport et de grand air ? Enfile ton bonnet et file vers les Hautes Vosges. Tu préfères tout savoir sur l'eau et en profiter pour te détendre ? Visite donc les stations thermales du pays des sources ! Et pour ceux qui préfèrent les châteaux forts, direction Épinal et ses environs. Il y en a pour tous les goûts, donc n'hésite pas à en profiter durant ton voyage !

À toi de jouer !

Déchiffre ce rébus pour connaître le nom de la molécule d'eau en chimie !

Direction le Far West !

Dans les Vosges, on est plutôt sportifs. Si tu aimes te dépenser, fais donc un détour par Rambervillers, où tu découvriras un parc d'aventure très bien équipé, le Fraispertuis City, qui t'emmène au Far West. Tu pourras aussi faire de l'aqualuge : un toboggan aquatique de 42 m de long à dévaler sur une bouée gonflable !

Réponse : H_2O (hache-2-eau).

PENDANT TA VISITE

Deux musées pas comme les autres

Au parc des Miniatures, près de Remiremont, tu pourras te promener au milieu des monuments d'Alsace et de Lorraine qui y sont reproduits... en tout petit ! À Saint-Dié-des-Vosges, c'est un musée entièrement consacré aux trains que tu pourras visiter. Train Land te propose de découvrir l'histoire du transport ferroviaire depuis le XVIIIe siècle jusqu'à nos jours. N'hésite pas à les visiter tous les deux !

À toi de jouer !

Dans les maisons-musée du Berger et du Cordonnier de Châtillon-sur-Saône, tu découvriras la vie au Moyen Âge. Trouveras-tu les éléments d'une autre époque dans cette scène du XVIe siècle ?

Un tour à la ferme

Partout dans les Vosges, tu seras le bienvenu dans les exploitations fermières. Depuis plus de vingt-cinq ans, les agriculteurs du réseau Bienvenue à la ferme vont à la rencontre du public. Au printemps et à l'automne, ils ouvrent leurs portes et te proposent de partager avec eux les délices de leur terroir. Ce sera aussi l'occasion pour toi de rencontrer de nombreux animaux de la ferme !

Réponses : la montre, la bouteille d'eau, le téléviseur.

GASTRONOMIE

Escapade gourmande !

Au cours de ton périple, découvre des plats typiques vosgiens. Voici trois spécialités très connues que tu pourras déguster. Amuse-toi à cocher celles que tu auras goûtées !

○ La glace plombières

En 1798, un glacier confiseur parisien invente un dessert glacé aux œufs et aux fruits confits, préparé dans un moule en plomb et appelé… « plombières » ! En 1882, un pâtissier de Plombières-les-Bains améliore la recette. Depuis, cette glace est une spécialité de la ville.

○ Les bonbons des Vosges

Découvre ces bonbons typiques de la région. Le sucre cuit est parfumé avec des arômes naturels et des huiles essentielles (coquelicot, bergamote, framboise, etc.). Dans de nombreuses villes, tu pourras même visiter les ateliers pour observer leur fabrication.

○ Les tofailles

À base de pommes de terre, de lard ou de lardons, d'oignons, de beurre et parfois de vin blanc, c'est un plat typiquement vosgien. La recette peut varier selon les villes, donc n'hésite pas à le goûter plusieurs fois durant ton parcours. À table !

FOLKLORE

Des traditions festives !

Autrefois, la vie était rude dans les Vosges... On faisait donc souvent de grandes fêtes, près d'une centaine par an ! Certaines existent encore aujourd'hui. Selon l'époque à laquelle tu visites les Vosges, tu pourras t'arrêter aux chalets du marché de Noël, découvrir des sculptures recouvertes de jonquilles, apprendre à te battre dans une fête médiévale ou encore assister à un festival de cinéma.

À toi de jouer !

En visitant les Vosges, tu verras très certainement un grand nombre de jonquilles. Combien en comptes-tu sur cette illustration ?

Saint Nicolas

Dans les Vosges, ce personnage est très important. Sa fête est le 6 décembre. De nombreuses villes, comme celle d'Épinal, organisent un défilé en l'honneur de saint Nicolas. Selon la tradition, il distribue des friandises ou des cadeaux aux enfants sages, comme le Père Noël !

Réponse : il y en a 35.

FAUNE

Le grand tétras

Parmi les 150 espèces d'oiseaux présentes dans les Vosges (fauvette, pic noir, caille, etc.), le grand tétras est particulièrement protégé. Très craintif, il déteste être dérangé !

Le chamois

Les hommes ont réintroduit ce cousin de la chèvre dans les Vosges dans les années 1950. Aujourd'hui, plusieurs centaines de chamois vivent dans les coins montagneux.

Le lynx

Il ne reste plus que quelques spécimens de ce félin dans le département. Il est doté d'une ouïe et d'un odorat incroyables. Pas de panique, il est inoffensif pour les humains !

Les cervidés

Dans les forêts vosgiennes, de nombreux animaux de cette famille gambadent : cerfs, biches, chevreuils, etc. Regarde bien, tu pourras peut-être en apercevoir !

FLORE

La jonquille

Cette jolie fleur jaune est l'un des symboles des Vosges ! Mais tu croiseras aussi d'autres belles fleurs : orchidée sauvage, gentiane d'altitude, pervenche, etc.

Le sapin des Vosges

Ces conifères qui aiment le froid font partie du paysage vosgien. Ils sont même devenus l'emblème des montagnes de la région. Les cervidés raffolent de ses aiguilles.

Les hêtres

Ces grands arbres sont très nombreux dans le massif des Vosges. Leur tronc est souvent recouvert de lichen. L'automne, ses feuilles prennent une teinte cuivrée.

Les myrtilles

Un fruit emblématique ! Tu pourras observer des buissons de myrtilles (aussi appelées « brimbelles ») lors de tes promenades, et même en faire des tartes.

AVANT DE COMMENCER

Des crayons de couleur

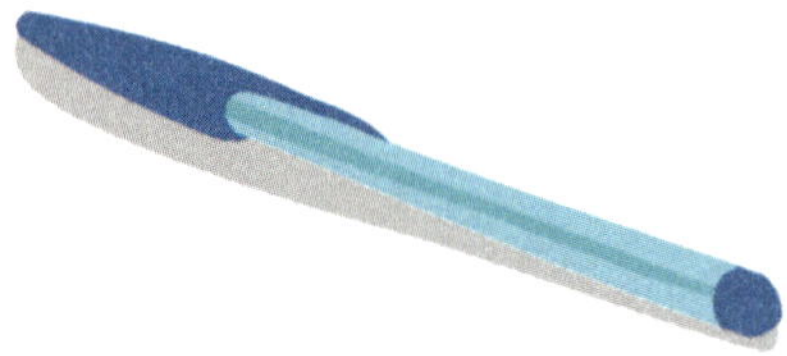

Un stylo-bille

De bonnes chaussures

Un crayon à papier

Des jumelles

Une gomme

C'est parti !

Lieu n°1

DOMRÉMY

Découvre le village natal de Jeanne d'Arc

Tu as certainement étudié l'histoire de Jeanne d'Arc à l'école... Cette jeune femme est née vers 1412, dans le village de Domrémy. Aujourd'hui, tu peux visiter sa maison natale qui a été entièrement restaurée ! Tu marcheras dans sa chambre, celle de ses frères ou encore dans le cellier où était conservée la nourriture.

À PROXIMITÉ

La basilique du Bois-Chenu a été bâtie en hommage à Jeanne d'Arc. C'est ici qu'elle aurait entendu des voix ! Chaque été, un spectacle raconte son histoire.

À toi de jouer !

Trouve les sept différences entre ces deux images de Jeanne d'Arc.

Réponses : la fleur de lys, l'oriflamme, la pointe du drapeau, les yeux, les bottes, l'hermine royale, la couronne.

Lieu n°2

GRAND

À toi de jouer !

Voici des motifs de la mosaïque de Grand. Sauras-tu retrouver les deux carreaux identiques ?

A.

B.

C.

D.

E.

F.

Un théâtre sorti de terre

Le site gallo-romain de Grand est un lieu incontournable. Tu pourras y observer des constructions datant du Ier siècle : les restes d'un rempart, mais aussi un amphithéâtre, l'un des plus grands du temps de la Gaule. Ses gradins pouvaient accueillir près de 17 000 spectateurs venus assister aux combats de gladiateurs ! C'est en 1963 que commencent réellement les fouilles archéologiques de la ville. Jusqu'en 1981, près de 600 000 brouettes de terre vont être déblayées pour que les arènes soient bien visibles et accessibles.

À PROXIMITÉ

Avec sa surface de 232 m², la mosaïque de Grand est l'une des plus imposantes d'Europe. Elle est rectangulaire. Son motif central est appelé « emblema », ce qui veut dire « peinture de pierre ».

Réponse : les carreaux B et E.

Lieu n°3

VITTEL

Mettre Vittel en bouteille

En 1854, l'avocat Louis Bouloumié achète la source de Gérémoy, à Vittel. Comme cette source est fameuse pour la qualité de son eau, il y fait bâtir la première installation de mise en bouteilles. Au XIXe siècle, afin de pouvoir accueillir les touristes, Vittel fait appel à de grands architectes. Charles Garnier, connu pour avoir réalisé l'Opéra de Paris, a aussi conçu de nombreux bâtiments, dont la Galerie thermale que tu peux visiter !

À toi de jouer !

Aide cet enfant à retrouver la source d'eau.

Devinette

À ton avis, combien de litres d'eau utilises-tu quand tu prends un bain ?

A. 5 à 10 litres.

B. 50 à 75 litres.

C. 150 à 200 litres.

Réponse : C.

Réponse : le chemin A.

Lieu n°4

MIRECOURT

Le sais-tu ?

Tu pourras visiter le musée de la Lutherie et de l'Archèterie françaises et son impressionnante collection d'instruments réalisés à la main depuis la fin du XVIIIe siècle à nos jours.

Un doux air de musique

Mirecourt est la capitale de la lutherie française ! Depuis plus de trois siècles, de nombreux luthiers (artisans fabriquant des instruments à cordes, pincées ou frottées) sont installés dans la région. Suis le sentier des Luthiers, un parcours intéressant au cœur de la ville qui permet de découvrir leur travail et de mieux comprendre les étapes de fabrication d'un violon, d'une guitare, d'une harpe ou bien d'une contrebasse.

À toi de jouer !

Relie chacun de ces instruments de musique à son nom.

A. B. C. D. E.

Violon — Contrebasse — Guitare — Harpe — Violoncelle

Réponses : A. contrebasse / B. harpe / C. violon / D. guitare / E. violoncelle.

ÉPINAL

Un voyage dans le temps et l'espace

La ville d'Épinal a été fondée vers 980 par les évêques de Metz. Tu pourras visiter les vestiges et le parc de son château fort datant du XIIIe siècle, mais aussi la basilique Saint-Maurice qui mêle différents styles d'architecture. Épinal est aussi connu pour avoir été pendant deux siècles le principal lieu de fabrication d'images populaires, des illustrations colorées montrant des scènes religieuses, historiques ou de la vie quotidienne, et que tu peux découvrir dans le musée de l'Image de la ville !

À PROXIMITÉ

Assiste à une séance au planétarium d'Épinal. Prends place sur un fauteuil confortable, lève les yeux vers l'écran et pars explorer la galaxie !

À toi de jouer !

Aide cette fusée à rejoindre la Terre.

Réponse : le chemin n° 5.

CHARMES

Une ville pleine de charme

Pars à la découverte de la maison du Chaldron, dite « maison des Loups », la plus ancienne de la ville. Remarque bien les gargouilles sur la corniche, tout en haut ! À 500 m du centre-ville, tu trouves l'écomusée du Battant, installé sur un ancien site industriel qui a connu, au fil des siècles, de très nombreuses activités.

À PROXIMITÉ

Portieux, au sud de Charmes, était un village de souffleurs de verre au moins depuis 1690. Aujourd'hui, un musée est entièrement consacré au travail des artisans.

À toi de jouer !

Trouve la bonne ombre de ce souffleur de verre.

Réponse : l'ombre C.

Lieu n°7

CHÂTEL-SUR-MOSELLE

L'une des plus grandes forteresses d'Europe

La forteresse a été construite par les comtes de Vaudémont à la fin du XIe siècle. En 1373, ce château fort passe entre les mains de la famille de Neufchâtel qui renforce largement le bâtiment. Il est détruit en 1670, après une défaite militaire, et tombe dans l'oubli... En 1972, le site commence à être dégagé, restauré et mis en valeur par des passionnés ! Depuis 1988, il est classé au titre de monument historique. Un lieu à ne pas manquer !

À toi de jouer !

Retrouve Du Guesclin dans cette scène du Moyen Âge.

Lieu n°8

XERTIGNY

Le sais-tu ?

Juste à côté de la mairie, tu peux aller faire un tour dans le parc du château : quatre hectares de massifs fleuris et d'arbres remarquables comme le séquoia de Californie.

Découvre le château des Brasseurs

Victor Champion est le créateur et le propriétaire de la brasserie La Lorraine. Pour fabriquer cette bière, il a employé jusqu'à 100 personnes ! En 1888, il construit un château pour y vivre avec sa famille, mais aussi pour recevoir des clients ou des fournisseurs importants. Aujourd'hui, ce bâtiment de style Renaissance abrite la mairie de Xertigny, classée parmi les cent plus belles mairies de France !

À toi de jouer !

Voici de magnifiques séquoias de Californie. Sauras-tu trouver les deux arbres identiques ?

Réponse : les séquoias B et D.

REMIREMONT

Un patrimoine architectural très riche

Dans le centre-ville, tu peux admirer les fontaines (comme celle des Dauphins), la rue Charles-de-Gaulle, bordée d'arcades, l'église abbatiale Saint-Pierre de Remiremont et sa crypte, le Palais abbatial (qui abrite désormais la mairie), ou encore les maisons canoniales, où vivaient les nobles dames chanoinesses, des religieuses venues de grandes familles.

Le sais-tu ?

En mars, la ville de Remiremont se transforme pour le carnaval vénitien. Les habitants se déguisent pendant plusieurs jours pour faire la fête, comme à Venise.

À toi de jouer !

Chaque printemps, les enfants fabriquent des bateaux qu'ils font naviguer sur un bassin pour la fête des Champs-Golot. Et si tu dessinais ton propre bateau ?

Lieu n°10

BUSSANG

À toi de jouer !

Relie chaque personnage à sa spécialité.

La ville aux mille activités

Installé au pied des Vosges, Bussang t'offre la possibilité de pratiquer plein d'activités sportives : VTT, escalade, jeu de piste, cueillette de *brimbelles* (myrtilles) ou tir à l'arc. Ce joli village, autrefois traversé par une voie romaine, te donne le choix ! À 3 km du centre, la station de Larcenaire propose de pratiquer le ski de piste, de fond, la luge ou bien les raquettes. Rends-toi aussi au Drumont, près du col de Bussang, qui t'offre une vue magnifique sur la ville et ses alentours.

Le sais-tu ?

En 1895, le poète Maurice Pottecher, né à Bussang, crée le théâtre du Peuple. Il ne ressemble à aucun autre : le fond de la scène s'ouvre directement sur la forêt. Ici, les professionnels et les amateurs jouent ensemble.

Réponses : 1.C / 2.B / 3.A.

Lieu n°11

LA BRESSE

Le lieu idéal pour skier

Le bourg de La Bresse a été fondé au VIIe siècle. Presque entièrement détruit pendant la Seconde Guerre mondiale, le village a été reconstruit à neuf. Mais, dans la vallée, tu pourras observer des maisons typiques des montagnes des Vosges. Par ici, les familles viennent pour accéder à trois domaines skiables différents : La Bresse-Lispach, La Bresse-Brabant et La Bresse-Hohneck, qui est le plus grand des domaines avec ses 34 pistes !

Le sais-tu ?

Si tu préfères partir à la rencontre d'animaux, découvre la ferme de Brabant. Ne manque pas cette ferme familiale : c'est l'occasion d'observer des chèvres très mignonnes, de leur donner à manger et même de participer à la traite !

À toi de jouer !

Trouve les sept différences entre ces deux illustrations.

Réponses : l'aigle, le pompon, les skis, la couleur des bâtons, la montagne au loin, le maillot, les lunettes.

BRUYÈRES

Pars à la rencontre des fourmis géantes

Non loin du centre-ville, sur la montagne de l'Helledraye, un circuit bien particulier est aménagé avec des bornes d'information pour t'aider à comprendre la vie, l'organisation, les habitudes ou l'alimentation des fourmis... et l'environnement en général. Sur le chemin, tu croiseras des fourmis en bois, en résine ou en métal, réalisées par des sculpteurs ou des peintres. De véritables œuvres d'art !

À PROXIMITÉ

Sur les hauteurs de Barbey-Seroux, il existe un mystérieux champ de roches... Des milliers de pierres de granit s'empilent sur 400 m de long et 40 m de large. C'est une merveille de la nature.

À toi de jouer !

Retrouve le bon chemin pour descendre de la montagne et rejoindre le chalet.

Réponse : le chemin n° 2.

Lieu n°13

SAINT-DIÉ-DES-VOSGES

Le sais-tu ?

Jules Ferry est né à Saint-Dié-des-Vosges. Cet homme politique du XIXᵉ siècle a rendu l'école primaire «laïque, gratuite et obligatoire».

Un vaisseau ou un oiseau ?

Saint-Dié-des-Vosges a été détruit en 1944, à la fin de la Seconde Guerre mondiale. Mais les habitants ont reconstruit leur ville, y compris l'imposante cathédrale. Pour ajouter une touche très moderne dans la ville, on a construit la tour de la Liberté, qui ressemble à un vaisseau spatial ou à un oiseau blanc. Ce bâtiment fait d'acier, de câbles et de verre, abrite une collection de bijoux.

À toi de jouer !

Trouve la bonne ombre de Jules Ferry.

Réponse l'ombre D.

Lieu n°14

SENONES

L'histoire du papier Clairefontaine

On fabrique du papier depuis bien longtemps dans la vallée de la Meurthe. Les premiers moulins à papier ont été installés au XVIe siècle. En 1858, les Papeteries Clairefontaine commencent leur activité à Étival-Clairefontaine. Très vite, l'usine grossit et se lance également dans la fabrication de cahiers et d'enveloppes.

Le sais-tu ?

Senones est aussi le pays des abbayes ! Pars à la découverte des trois très belles abbayes : Senones, Moyenmoutier et Étival-Clairefontaine.

À toi de jouer !

Entoure les deux moines identiques.

Réponse : les moines A et 3.

RAON-L'ÉTAPE

Une ville cachant bien des secrets

À Raon-l'Étape, tu vas croiser de beaux bâtiments comme la Halle aux blés et l'hôtel de ville, mais aussi de nombreuses fontaines, dont les sculptures sont bien souvent inspirées de la mythologie grecque ou romaine. Si les activités de plein air t'intéressent, dirige-toi vers le lac de Pierre-Percée. Là, tu pourras pratiquer le canoë-kayak, le pédalo ou encore la pêche.

À toi de jouer !

Associe chaque soldat à son armée.

Armée française — Armée russe — Armée anglaise — Armée allemande

Le sais-tu ?

La Première Guerre mondiale a laissé des traces dans la ville. Ainsi, découvre la profonde galerie souterraine qui a été creusée. Tu verras aussi une fontaine construite par les soldats français, et bien d'autres lieux...

Réponses : A. armée allemande / B. armée anglaise / C. armée française / D. armée russe.

BOÎTE À SOUVENIRS

Durant ton voyage, tu as pu faire le plein de souvenirs merveilleux et tu as probablement trouvé de nombreuses choses à conserver : ton billet d'entrée à L'Aventure Parc ou encore l'une des très célèbres images d'Épinal que tu pourras conserver en les collant sur ces pages !

Présentez vos billets !
Colle le ticket d'une visite que tu as effectuée durant ton séjour.

À tes crayons !
Dessine le monument que tu as préféré visiter !

Espace vert.
Colle un souvenir cueilli lors d'une de tes excursions !

À toi de jouer ! Dessine l'un des nombreux paysages que tu as admirés.

Écris ce que tu as le plus aimé découvrir durant ton voyage.

QUIZ

1 *La basilique de Bois-Chenu a été bâtie en hommage à...*

a. Jeanne d'Arc

b. Marie Curie

c. Napoléon Bonaparte

2 *Combien de spectateurs pouvait accueillir l'amphithéâtre de Grand ?*

a. 700

b. 7 000

c. 17 000

3 *Quelle était la profession de Louis Bouloumier ?*

a. Musicien

b. Avocat

c. Scientifique

4 *Comment appelle-t-on les artisans qui fabriquent les instruments à cordes ?*

a. Un cordier

b. Un archetier

c. Un luthier

5 *À quel siècle a été construite la basilique Saint-Maurice ?*

a. XIIe siècle

b. XIIIe siècle

c. XIVe siècle

6 *Quel est le surnom de la maison du Chaldron à Charmes ?*

a. La maison des Loups

b. La maison des Lions

c. La maison des Ours

7 *Qui a ordonné la construction de la forteresse de Châtel-sur-Moselle ?*

a. Les comtes d'Anjou

b. Les ducs de Bretagne

c. Les comtes de Vaudémont

8 *La mairie de Xertigny était surnommée le château des...*

a. Sculpteurs

b. Musiciens

c. Brasseurs

QUIZ

9 *Qu'abrite désormais le Palais abbatial de Remiremont ?*

a. Le musée

b. La mairie

c. Le théâtre

10 *Quel est le nom du théâtre de Bussang ?*

a. Le théâtre de la Cité

b. Le théâtre des Fous

c. Le théâtre du Peuple

11 *Dans la ferme de Brabant, tu croiseras des…*

a. Chèvres

b. Taureaux

c. Lions

12 *Où trouve-t-on les fourmis géantes près de Bruyères ?*

a. À Plombières-les-Bains

b. Sur la montagne de l'Helledraye

c. Aux Hautes-Mynes du Thillot

13 *À quoi ressemble la tour de la Liberté à Saint-Dié-des-Vosges ?*

a. Une fusée

b. Un avion

c. Un vaisseau spatial

14 *Quelle abbaye ne se trouve pas près de Senones ?*

a. Clairefontaine

b. Fontevraud

c. Moyenmoutier

15 *Que trouve-t-on en nombre aux alentours de Raon-l'Étape ?*

a. Des fontaines

b. Des ponts

c. Des universités

Réponses :
1.a / 2.c / 3.b / 4.c / 5.b / 6.a / 7.c / 8.c / 9.b / 10.c / 11.a / 12.b / 13.c / 14.b / 15.a.

Les Missions

TOUTE LA COLLECTION

BARCELONE

LISBONNE

NEW YORK

LONDRES

PARIS

ROME

BRETAGNE

CHÂTEAUX DE LA LOIRE

PROVENCE

VOSGES

Envie d'explorer une nouvelle ville ou une autre région ?

Pars à l'aventure avec les livres de la collection Missions, retrouve des anecdotes, des activités, 15 défis à accomplir et un code secret à déchiffrer !